Wunderbare Verwandlung

Claude Nuridsany • Marie Pérennou

Wunderbare Verwandlung

Knospe • Blüte • Frucht

Gerstenberg

*Auf dem Dach der Hölle
wandeln wir in dieser Welt, den Blick
gesenkt auf die Blumen.*

ISSA

Aus dem Französischen übersetzt
von Sylvia Strasser

Die Deutsche Bibliothek – CIP-Einheitsaufnahme
Wunderbare Verwandlung : Knospe, Blüte, Frucht /
Claude Nuridsany und Marie Pérennou. Aus dem Franz.
übers. von Sylvia Strasser. – Hildesheim : Gerstenberg, 1998
Einheitssacht.: La métamorphose des fleurs <dt.>
ISBN 3-8067-2836-4

Die Originalausgabe erschien 1997
unter dem Titel *La Métamorphose des fleurs*
bei Éditions de La Martinière, Paris.
Copyright © 1997 Éditions de La Martinière
Gestaltung: Benoît Nacci
Alle Rechte vorbehalten
Deutsche Ausgabe
Copyright © 1998 Gerstenberg Verlag, Hildesheim
Alle deutschen Rechte vorbehalten
Satz: Stolte Grafik-Design, Hildesheim
Printed in France by Kapp Lahure Jombart, Évreux
ISBN 3-8067-2836-4

Gedanken über Blumen

Novalis hat einmal gesagt, das Paradies habe sich in ein Geduldsspiel verwandelt, dessen Teile rings um uns verstreut sind und die wir, soll seine Schönheit sich uns erschließen, aufs neue zusammensetzen müssen. Wenn dem so ist, dann kann die Betrachtung der Blumen uns sicherlich bei der Suche nach den Fragmenten helfen.

»Garten« und »Paradies« sind im dichten Urwald der Sprache aus derselben griechischen Wurzel hervorgegangen. Einen Garten anlegen, seine Wege, Wasserbecken und Schattenplätze gestalten bedeutet nichts anderes, als in die Rolle eines Weltschöpfers zu schlüpfen, ein Abbild des Gartens Eden zu schaffen.

Es gibt für mich nichts, was mich morgens stärker zum Aufstehen bewegt, als die Hoffnung, im Garten eine neue Blüte zu entdecken. Heute ist es die Aussicht auf flammende Mohnblüten, die mich in aller Frühe aus dem Haus treibt. Gestern hatten die schwellenden Knospen die Größe von Wachteleiern erreicht.

Mit klopfendem Herzen, als wäre ich auf dem Weg zu einem Rendezvous, eile ich durch den Garten. Die grünen Kelchblätter haben dem Druck nachgegeben und schläfrig die schweren Lider geöffnet. Der große Augenblick ist gekommen. Vier Kronblätter, scharlachrot und zerknittert wie Seidenpapier, zwängen sich aus dem Kelch, einer vom Wind bewegten Flamme gleich und doch leblos wie eine Skulptur.

Ich setze meinen Rundgang durch den Garten fort. Als ich einige Stunden später noch einmal nach dem Morgenländischen Mohn schaue, hat die Blüte ihre Kleider in Ordnung gebracht. Die Kronblätter haben sich geöffnet und bilden eine zerbrechlich wirkende Schale. Schon stellt sich der erste Besucher ein, eine große, bläulich-schwarz schimmernde Holzbiene. Sie läßt sich auf den pollengepuderten Staubgefäßen nieder, die unter dem Gewicht des Eindringlings schwanken. Was empfindet ein Insekt beim Eintauchen in einen Blütenkelch? Welch rauschhafte Freude bemächtigt sich seiner? Wahrscheinlich werden wir das nie erfahren.

Von der Pflanzenwelt unterscheidet sich der Mensch auch durch die Zeit, oder sagen wir besser: durch das Zeitmaß. Während unser Puls mit der Unerbittlichkeit eines Metronoms unser Leben nach dem Sekundentakt regelt, haben sich die Pflanzen dem gemächlichen Wechsel von Tag und Nacht angepaßt. Wie können wir, die wir uns im Vergleich zu ihnen mit der Geschwindigkeit eines Rennwagens fortbewegen, ihre schlafwandlerischen Bewegungen, die Veränderungen ihres Äußeren wahrnehmen?

Die verschiedenen Entwicklungsstadien, die eine sich öffnende Blüte durchmacht, kann nur erkennen, wer sich ihr in gewissen zeitlichen Abständen nähert. Nur dann wird man feststellen, wie wandlungsfähig sie ist.

Die Blütezeit bricht mit der Heftigkeit eines Fieberanfalls in das beschauliche Leben der Pflanzen herein. Die unermüdliche Produktion von Blättern und Stengeln, identisch strukturierten Gebilden, welche die Pflanze mit der Monotonie eines immer wiederkehrenden Themas hervorbringt, wird fast abrupt unterbrochen. Jetzt werden die einheitlich chlorophyllgrünen Formen um neue Dimensionen erweitert. Kunstvolle Konstruktionen entstehen, und die Farbe hält Einzug ins Leben der Pflanze. Sie hat ihre Bescheidenheit abgelegt und gibt sich hemmungslos der Verschwendung hin. Und das Ergebnis dieser Stilrevolution? Eine Erscheinung, ein Trugbild, ein Wunder an Anmut und Schönheit: die Blüte.

Gedanken über Blumen

Eine Blütenknospe ähnelt der Puppe des Schmetterlings. Ihre Hüllen umschließen schützend, was sich darin verborgen hält. In diesem Versteck sind bereits alle künftigen Entfaltungen angelegt. Die zarten Ansätze der Kronblätter sind sehr empfindlich. Voll ausgebildet werden sie eine große Oberfläche einnehmen: ein bunter Schauapparat, um bestäubende Insekten anzulocken. In der Knospe sind sie meist spiralförmig ineinandergewickelt; auf diese Weise benötigen sie nicht nur weniger Platz, sondern sind auch besser gegen Stöße und vor Austrocknung geschützt.

Pflanzen sind sparsame Geschöpfe. Ihr Stoffwechsel läuft im Zeitlupentempo ab. Der hohe Aufwand, den die Pflanze bei herannahender Blütezeit betreibt, läuft dieser Genügsamkeit zuwider. Innerhalb weniger Wochen diese aufwendigen, vergänglichen Gebilde zu produzieren, die wir Blüten nennen, verlangt der Pflanze eine enorme Kraftanstrengung ab. Viele verausgaben sich dabei so sehr, daß sie sich nicht mehr davon erholen: Die Blüte ist ihr Schwanengesang. So sterben ein- und zweijährige Pflanzen nach der Blüte ab.

Noch dramatischer stellt sich die Lage bei den Agaven dar, einer zu den Sukkulenten gehörenden, in Mexiko beheimateten Gattung. Die Pflanze, die auch in Südfrankreich häufig anzutreffen ist, bildet über einen Zeitraum von etwa 15 Jahren rosettenartig angeordnete, gezähnte, dickfleischige Blätter aus, die hervorragende Wasserspeicher sind. Die Umsicht, mit der die Pflanzen mit ihren Wasserreserven haushalten, ist jedoch schlagartig dahin, wenn die Blütezeit naht. Innerhalb von vier Wochen wächst ein bis zu zehn Meter hoher Blütenschaft heran, ein Kraftaufwand, der die Pflanze ihrer Substanz beraubt. Sie bezahlt ihre baumeisterlichen Ambitionen mit dem Leben.

Der Bambus gibt den Botanikern Rätsel auf. Alle dreißig, sechzig, achtzig oder auch 120 Jahre treibt er zum erstenmal Blüten. Danach stirbt er ab. Dieses weltweit zu beobachtende Phänomen kommt einem kollektiven Selbstmord gleich. Alle Bambuspflanzen derselben Art, gleichgültig, in welcher Region der Erde sie wachsen, blühen zur gleichen Zeit.

In Asien hat dieses Massensterben vielerorts verheerende Folgen. Zum einen, weil Bambus das wichtigste Baumaterial ist, auf das nun verzichtet werden muß, bis eine neue Pflanzengeneration herangewachsen ist, zum andern, weil die übermäßige Produktion von Samenkörnern, die auf die Blüte folgt, zu einer explosionsartigen Vermehrung der Nagetiere führt, die großen Schaden in den Feldern anrichten. In Ostasien finden sich in den Chroniken der letzten zweitausend Jahre immer wieder Berichte über solche Katastrophen.

Während die Wissenschaft noch nicht herausgefunden hat, welcher Faktor die Bambusblüte auslöst – eine ebenso phantastische wie unwahrscheinliche Theorie führt sie auf den Einfluß von Sonnenflecken zurück –, kann die Forschung bei anderen Fragen Fortschritte verzeichnen. Was veranlaßt eine Pflanze eigentlich, sich dem Blütenrausch hinzugeben?

Die Dauer des Tageslichts spielt zwar häufig eine wichtige Rolle, doch ist es in unseren Breiten paradoxerweise die Kälte, die den Blühprozeß in Gang setzt. Der Flieder zum Beispiel bildet bereits im August Blütenknospen aus, die jedoch in einem Ruhestadium, der sogenannten Knospenruhe, verharren. Erst nach der winterlichen Kälte ist dieser Zustand beendet: Mit den ersten warmen Tagen öffnen sich die Knospen und geben die Blütenrispen frei.

Der Mensch schreckt nicht davor zurück, in diese natürlichen Vorgänge einzugreifen, um sie für seine Zwecke zu nutzen. So setzt man von September an Fliedersträucher Temperaturen nahe der Nullgradgrenze aus. Wenn sie ins Gewächshaus zurückgestellt werden, beginnen sie unverzüglich zu blühen. Der Einsatz bestimmter Chemikalien, etwa Anästhetika wie Äther oder Chloroform, führt seltsamerweise zum gleichen Ergebnis, und die Gärtnereien machen regen Gebrauch davon: Besonders in der kalten Jahreszeit ist der Verkauf von Schnittblumen ein einträgliches Geschäft.

Gedanken über Blumen

Blühen bedeutet für eine Pflanze das Heraustreten aus der Anonymität. Sie legt die Maske ab und enthüllt ihr wahres Gesicht. Die Blüte ist ihr Namenszug, ihre Standarte, ihr Wappen. Eine Pflanze zu benennen, ohne daß man ihre Blüte sieht, ist ebenso schwierig, wie die Identität eines Menschen festzustellen, dessen Gesicht man nicht erkennen kann. Die Blüte ist das Gesicht der Pflanze, ihr besonderes Kennzeichen, Ausdruck ihrer Persönlichkeit, Sinnbild ihrer Wesenheit.

Im 18. Jahrhundert schuf der schwedische Naturforscher Carl von Linné ein neues System der Pflanzenbeschreibung, das auf den Unterschieden der pflanzlichen Geschlechtsorgane, das heißt der Blüten, basierte. Es erwies sich als so tragfähig, daß es sich nach und nach durchzusetzen vermochte und bis zum heutigen Tag Gültigkeit hat.

In der Blüte scheint sich der ganze Einfallsreichtum der Pflanze zu konzentrieren. Lange Zeit mußte man sich mit vagen Spekulationen über ihr wahres Wesen begnügen. Ein Dichter hatte als erster die richtige Eingebung. In seiner Abhandlung *Versuch die Metamorphose der Pflanzen zu erklären* plädiert Goethe für eine ganzheitliche Sicht der Morphologie der Pflanzen. Einer reduktionistischen naturwissenschaftlichen Methode, die das Ganze als einfache Summe seiner Einzelteile betrachtet, setzt er eine neue entgegen, die jedes Geschöpf in seiner Ganzheit erfaßt.

Im bescheidenen Dasein der Pflanze erscheint die Blüte wie eine Anomalie, eine Extravaganz. Auf der Suche nach einer allgemeingültigen Regel zur Erklärung der geheimnisvollen Entstehung der Blüte entdeckt Goethe, daß das Blatt der Schlüssel zur Lösung des Problems ist: »Die verschiedenscheinenden Organe der sprossenden und blühenden Pflanze erklären sich alle aus einem einzigen nämlich dem Blatte.« Und weiter stellt er fest: »Die Natur bildet also im Kelch kein neues Organ, sondern sie verbindet und modifiziert nur die uns schon bekannt gewordenen Organe.« Eine Blüte ist eine Ansammlung umgewandelter, um die Spitze des Stengels angeordneter Blätter.

Der Eindruck von Verletzlichkeit täuscht, denn der Aufbau der Blüte macht einer Festung alle Ehre. Gut geschützt hinter einer Reihe ringsum angelegter Einfriedungen befindet sich das Allerheiligste der Blüte. Die äußerste Mauer, der Kelch, besteht aus Sepalen oder Kelchblättern. Dahinter liegt der zweite Wall, die aus Petalen oder Kronblättern gebildete Krone. Sie umschließt eine oder mehrere Reihen von Staubblättern, die männlichen Geschlechtsorgane. Dringt man weiter vor, erreicht man endlich die Schatzkammer, die das Kostbarste der Blüte birgt: Eine an der Basis verdickte Säule, der Stempel, enthält die Samenanlagen, aus denen sich nach der Befruchtung die Samen bilden.

Die mannigfaltigen Schutzvorrichtungen dienen also der Sicherstellung der Fortpflanzung. Die Botanik unterscheidet zwischen den Samenpflanzen und den nicht-samenbildenden Pflanzen. Und bei ersteren wird wiederum unterschieden zwischen den Gymnospermen oder Nacktsamern, deren Samenanlagen frei an den Samenblättern sitzen (zu diesen gehören beispielsweise die Kiefern), und den Angiospermen oder Bedecktsamern, deren Samenanlagen in einem Fruchtknoten eingeschlossen sind (das sind alle anderen Samenpflanzen).

Dank der Umhüllung mit Kelch und Krone sind die Geschlechtsorgane der Bedecktsamer während ihrer Entwicklung hervorragend vor Regen, Kälte, Pilzbefall und gefräßigen Tieren geschützt. Die Erfindung der Blüte hat sich allem Anschein nach bezahlt gemacht, denn heute stehen den sechshundert Nacktsamerarten fast 300 000 Arten von Bedecktsamern gegenüber.

Kronblätter, Kelchblätter, Staubblätter und Stempel stellen die Grundelemente dar, die von den Pflanzen immer wieder neu kombiniert werden, so wie ein Musiker ein Thema variiert.

Gedanken über Blumen

Man billigte den Pflanzen lange den engelsgleichen Status geschlechtsloser Wesen zu. Die Ausschweifungen von Mensch und Tier, ihre Liebesdramen und Leidenschaften fand man bei ihnen nicht, und so galt das Pflanzenreich als die letzte Bastion der Keuschheit. Niemand kam angesichts ihres beschaulichen, von der Zeit gleichsam losgelösten Daseins auf den Gedanken, daß darin Geschlechtlichkeit eine Rolle spielen könnte.

Der römische Dichter Ovid beschreibt in seinem Werk *Metamorphosen* die wunderbaren Verwandlungen, von denen griechische und römische Sagen zu berichten wissen: Menschen, die von einer liebestollen Gottheit verfolgt werden, verwandeln sich in einen Baum oder eine Blume. Selbst ein Gott vermag nichts gegen die unerschütterliche, erhabene Unschuld der Pflanzen …

Im alten Rom fanden im April aber auch Spiele zu Ehren Floras statt, der Göttin alles Blühenden. An diesen *floralia* nahmen auch Freudenmädchen teil, und das Frühlingsfest artete alsbald in wilde Orgien aus, die einem Bacchanal in nichts nachstanden. So galten die Blumen zwar als keusch, der Beginn ihrer Blüte jedoch bildete für die Menschen den Auftakt zu einem neuen Liebesreigen.

Ende des 17. Jahrhunderts wagte sich der Arzt und Botaniker Rudolf Jakob Camerarius, Professor für Medizin in Tübingen, mit der Veröffentlichung seiner Arbeit *De sexu plantarum* (Über das Geschlecht der Pflanzen) an das heikle Thema der geschlechtlichen Vermehrung von Pflanzen. Da seine Thesen ebenso revolutionär wie unschicklich waren, stießen sie auf heftige Ablehnung. Als Linné ein halbes Jahrhundert später seine Klassifikation der Pflanzen vorlegt, die sich auf das Studium der pflanzlichen Geschlechtsorgane gründet, findet die neue Einteilung zwar Zustimmung unter den Botanikern, ruft aber die Moralprediger auf den Plan, die sittliche Bedenken haben: Traditionell sind es die jungen Mädchen, die sich besonders für die Welt der Blumen interessieren, und diese Welt hat nicht nur ihre Unschuld verloren, sondern ist anstößig geworden.

Die sicherlich ungewöhnlichste Arbeit zum Thema pflanzliche Sexualität erscheint 1793 in Berlin. 25 wunderschöne, nach den Beobachtungen des Autors entstandene Kupferstiche ergänzen das Werk, dessen feierlicher Titel ein Manifest erwarten läßt: *Das entdeckte Geheimnis der Natur im Bau und in der Befruchtung der Blumen*. Christian Konrad Sprengel, Konrektor am Gymnasium in Spandau, widmet sein Leben dem minuziösen Studium der Pflanzen in ihrer natürlichen Umgebung. Und weil er darüber seine Ämter vernachlässigt, wird er seiner Stellung enthoben.

Er entdeckt, daß zwischen Blüten und Insekten ein ausgeklügeltes System von Beziehungen besteht, und begründet die Blütenökologie, noch ehe es diesen Begriff gab. Aber die damalige Zeit war noch nicht reif für seine Erkenntnisse. Sein Werk blieb unbeachtet, und Sprengel starb in bitterer Armut, geächtet und unverstanden und als Phantast verrufen.

Er geriet in Vergessenheit, bis er im 19. Jahrhundert durch keinen Geringeren als Charles Darwin, den Begründer der Abstammungslehre, rehabilitiert wird. Darwin bestätigt einen Großteil seiner Beobachtungen und bezieht sie in seine Argumentation zur Funktion der natürlichen Auslese ein. Aber auch zu Darwins Zeit sind die Befruchtungsvorgänge bei Pflanzen ein tabuisiertes Thema. Erst in unserem Jahrhundert findet es Eingang in die Lehrpläne von Schulen und Universitäten.

In seinem philosophischen Dialog *Das Gelage* erzählt Platon, daß vor Urzeiten zwittrige Wesen die Erde bevölkerten. Sie waren so stark und so mutig, daß sie in den Himmel zu klettern versuchten, um gegen die Götter zu kämpfen. Zeus bestrafte sie für ihre Frevelhaftigkeit, indem er sie entzweischnitt. Da umschlangen sich die beiden Hälften voller Verzweiflung, weil sie wieder eins werden wollten: So entstand die Liebe.

In der Mehrzahl unserer Blütenpflanzen ist jener Mythos des Hermaphroditen verkörpert, jenes Goldene Zeitalter, als die Geschlechter noch nicht getrennt waren. Selbstbe-

Gedanken über Blumen

fruchtung findet aber auch bei Zwittrigkeit nur in den seltensten Fällen statt. Bereits Sprengel stellte fest, daß die Natur zurückhaltend zu sein scheine, was die Bestäubung einer Blüte mit ihrem eigenen Pollen angeht. Darwin drückte es drastischer aus und meinte, die Natur verabscheue fortwährende Selbstbefruchtung.

Was aber ist der Grund dafür, wo doch nichts einfacher wäre als die Bestäubung der Narbe durch den Pollen der nur wenige Millimeter entfernten Staubblätter? Würde Blütenstaub auf die Samenanlagen ein und derselben Pflanze übertragen, bedeutete dies die Vereinigung identischer Erbmerkmale. Der Abkömmling wäre nichts weiter als eine Kopie der Mutterpflanze. Selbstbestäubung steht dem Wandel, der Neuerung im Weg. Pflanzen, die mehr oder weniger gleichartige Nachkommen hervorbringen, werden über kurz oder lang aussterben, weil sie sich den Veränderungen ihrer Umwelt nicht anzupassen vermögen.

Im Lauf der Evolution sind durch die natürliche Auslese jene Merkmale begünstigt worden, die den Blütenpflanzen den Weg in die Sackgasse des genetischen Stillstands versperrten. So sind Staubblätter und Fruchtknoten bei manchen Blüten dergestalt angelegt, daß ihre Lage den Austausch zwischen ihnen verhindert. Bei anderen reifen sie zu unterschiedlichen Zeitpunkten heran, und wieder andere vereiteln Selbstbefruchtung durch Selbststerilität.

Daß die Pflanze soviel Energie auf die Erzeugung der mehrfarbigen, duftenden Gebilde verwendet, die wir Blüten nennen, hat seinen Grund nicht, wie wir meinen könnten, darin, wie eine Leuchtreklame die Blicke der Menschen auf sich zu lenken. Vielmehr soll die Blüte Bestäuber, meist Insekten, anlocken, die den Pollen zu einer anderen, artgleichen Pflanze tragen. Ohne die Insekten, die den Blütenstaub oder Nektar sammeln und dabei die Bestäubung vornehmen, würden achtzig Prozent der Angiospermen auf dieser Erde aussterben.

Seit hundert Millionen Jahren vollziehen sich in der Pflanzenwelt immer wieder tiefgreifende Umwälzungen. Nach der Erfindung eines großblumigen Modells mit in großer und unbestimmter Zahl vorkommenden Blütengliedern (wie bei der Magnolie), deren Bauweise auch den schwerfälligsten Bestäubern den Zugang ermöglicht, entwickelten sich differenziertere Blütenformen (wie beim Storchschnabel), die Kelchblätter und Kronblätter aufweisen. Später kamen röhrenförmige Blüten auf (wie zum Beispiel bei Narzisse, Enzian oder Geißblatt), deren Nektar den mit einem langen Saugrüssel ausgestatteten Schmetterlingen vorbehalten bleibt. Und zu guter Letzt entwickelten sich besonders komplizierte Blütengebilde, etwa bei Orchideen und beim Salbei, deren »Gebrauchsanweisung« nur Bienen und Hummeln zu entschlüsseln imstande sind.

So haben die Blütenpflanzen im Lauf der Erdgeschichte immer wieder ihr Aussehen, ihren Typ verändert, und die Insekten haben sich den Neuerungen entsprechend angepaßt. Von wem die Initiative zur Veränderung ausging, von den Insekten oder den Pflanzen, läßt sich allerdings nicht mit Bestimmtheit sagen, so eng ist beider Schicksal verknüpft.

Doch das geheimnisvolle Leben der Blumen ist kaum zu ergründen, indem es auf die Aufzählung von Organen und Funktionen reduziert wird.

Das Wesen der Blüten läßt sich am besten erfassen, wenn man sich ihnen nach Bienenart voll trunkener, sinnlicher Freude nähert. Der Anblick von Blumen rührt uns im Innersten an, und wir wenden uns, verwirrt von unseren Gefühlen, Rat suchend dem Botaniker zu. Doch welcher Botaniker könnte leugnen, daß er sich in der Wahl seines Berufs von der Faszination leiten ließ, die er als Kind irgendwann angesichts des Blütenzaubers empfand? Wissenschaftler sind leidenschaftliche und schamhafte Menschen. Deshalb verbergen sie ihre Emotionen hinter einer Mauer rationalen Denkens.

Die vernünftige Erklärung, daß Blüten ihren Charme entfalten, um Insekten anzulocken, begründet nicht, weshalb sie eine solche Anziehungskraft auf uns Menschen ausüben.

Gedanken über Blumen

Die Schönheit der Blumen ist unabhängig von ästhetischen Maßstäben. Sie bedarf keiner Anerkennung oder Bewertung, sie präsentiert sich mit gelassener Selbstverständlichkeit.

Blumen zu betrachten bedeutet, sich in die Welt zu versenken und aus dem Gefühl stiller Zufriedenheit heraus, das wir dabei empfinden, zu erkennen, wie sehr wir doch ein Teil von ihr sind. Daß unsere Augen aufleuchten beim Anblick von Muschelschalen, Gräsern oder Wolken, rührt daher, daß sie aus dem gleichen Stoff geformt sind wie wir. Sie nehmen teil am Spiel, am Reigen der Formen und der Kräfte des Universums.

Vielleicht sind unsere Augen eigens dafür geschaffen, staunend die Welt zu entdecken, so wie die Blüte dafür geschaffen ist, sich zu entfalten.

Claude Nuridsany,
La Cardinellerie, Juni 1997

... Und wie Amor zuletzt Blüten und Früchte gezeugt.

JOHANN WOLFGANG VON GOETHE

Kornblume

*D*ie Blüte der Kornblume ist keine einfache »Blume«, sondern ein »Blumenstrauß«. Sie zählt zu den Korbblütengewächsen und hat für sich die pluralistische Gesellschaftsform ihrer großen Familie gewählt. Statt einer Einzelblüte mit großer Krone an jedem Stengel bildet sie am Ende des Schafts ein Körbchen mit einer Gemeinschaft eng beieinanderstehender Blüten aus. Das Ergebnis ist ein eleganter Blütenstand, der auf Insekten anziehend wirkt.

Löwenzahn, Distel, Margerite wenden die Strategie der Anhäufung ebenfalls an. Die Kornblume geht jedoch noch weiter. Die äußeren, großen Blüten ihres Blütenstandes, etwa zehn an der Zahl, sind steril. Auffallend gefärbt, dienen sie als Schauapparat zur Anlockung der Insekten – Reklameblüten, wenn man so will. Hinter diesem äußeren Kranz ragen an die dreißig kleine, zwittrige Blüten auf, eine neben der andern. Sie sind für die Erhaltung der Art zuständig: In ihnen befinden sich die Samenanlagen.

Die geschlossene Blüte der Kornblume gleicht einer länglichen Zitadelle, die von gegeneinander versetzt angeordneten Schuppen wie von einem Panzer umgeben ist. Die Knospen werden gut bewacht. Hat sich die Spitze geöffnet, züngelt ein Gewirr verschlungener Blüten wie eine blaue Flamme heraus. Innerhalb eines Tages entfaltet sich die ganze Pracht. Die Bienen zählen zu den eifrigsten Besuchern. Kornblumenblüten reflektieren das ultraviolette Licht der Sonnenstrahlen besonders gut (für uns Menschen ist es unsichtbar, nicht aber für die Bienen). Mehr braucht es nicht, um auf sich aufmerksam zu machen.

Sind die Blüten bestäubt worden, legt die Kornblume ihren Schmuck ab. Der Blütenkranz verblaßt, welkt und steht wirr nach allen Seiten ab. Der Schuppenpanzer schließt sich. Nach einigen Tagen sind die Samen gereift, das Körbchen öffnet sich weit, und der Wind trägt die perlmuttfarbenen, länglichen Früchte, die an einer kurzen, rötlichen Federkrone hängen, davon.

Mir scheint, als wären alle Blumen von weit her gekommen, wie eine Nachricht, auf die man wider besseres Wissen hoffte.

ANDRÉ DHÔTEL

Drehkraut

Seine zarten, altrosa getönten Blüten gleichen Zierdeckchen mit bogenförmigen Rändern, von geduldiger Hand gefertigt und so schlicht, daß der Spaziergänger achtlos an ihnen vorübergeht. Wer sich jedoch die Mühe macht, eine Lupe zur Hand zu nehmen und die in Brachfeldern heimische Blume näher zu betrachten, wird eine unscharf umgrenzte Anhäufung von Blüten entdecken, ein Gebilde, das an einen Sternennebel erinnert.

Das Drehkraut pflegt einen kühnen Baustil. Der Stengel ist geriefelt wie die Säulen griechischer Tempel, und an einer Stelle entspringen mehrere »Äste«, die Doldenstrahlen. Das Ergebnis ist eine schirmgestellähnliche Konstruktion (der frühere lateinische Name der Familie der Doldengewächse, Umbelliferae, leitet sich von *umbella*, Sonnenschirm, her). Antoni Gaudí, der bedeutende katalanische Architekt, entwarf Anfang dieses Jahrhunderts neuartige Strebepfeiler für die Kirche Sagrada Familia in Barcelona. Nicht auszuschließen, daß er sich von diesen Pflanzen inspirieren ließ. Der Aufwand, den das Drehkraut betreibt, geht aber noch weiter. Jeder Doldenstrahl bildet an seiner Spitze eine Gruppe von Döldchenstrahlen aus.

Und dann öffnen sich die Blütenkronen. Als wäre ein Sternschnuppenschwarm über die Pflanze geflogen und an den Spitzen hängengeblieben, funkelt Blütensternchen an Blütensternchen. Weil sie so dicht nebeneinanderstehen, formen sie eine ideale Landebahn für Insekten.

Anders als beispielsweise der wählerische Salbei heißt das Drehkraut jeden Besucher willkommen. Sein Nektar ist für alle da: Fliegen, Bienen, Schmetterlinge. Die summende Schar sorgt für die Bestäubung.

Wenn die Blüten verwelken, verliert die Pflanze ihre Anmut. Jetzt kennzeichnet Schwerfälligkeit ihr Wesen. Ihre plumpen Früchte besitzen praktisch keine jener Eigenschaften, die bei der Aussamung hilfreich sind. Die Wilde Möhre stattet ihre Samen mit Häkchen aus, damit sie von Tieren abgestreift und weiterverbreitet werden, und die Engelwurz, wie die Wilde Möhre ein Doldenblütler, gibt ihren Samen membranartige Flügelchen mit auf den Weg, die sie zum Gleitflug befähigen. Das Drehkraut hingegen unterwirft sich dem Gesetz der Schwerkraft: Es läßt seine Samen einfach auf den Boden fallen.

1

2

3

4

29

Klatschmohn

Hinter seinem grazilen Äußeren verbirgt sich das Herz eines Eroberers. Bereits in der Jungsteinzeit reiste er als blinder Passagier in den ersten Getreidesäcken mit, wurde mit dem Korn ausgesät und verbreitete sich in Windeseile in den Getreidefeldern. Seitdem ist er zum Kulturfolger geworden.

Während er zur Blütezeit aus der Menge herausragt, ist er zu Beginn seiner Laufbahn eher unauffällig. Die junge Pflanze hält zunächst bescheiden das Blütenköpfchen gesenkt. Richtet sie sich auf, dauert es nicht lange, bis die beiden grünen, mit purpurroten Härchen bedeckten Kelchblätter an der Ansatzstelle aufbrechen. Scharlachrotes Gefältel drängt heraus und schiebt die überflüssig gewordene Kappe nach oben, die für Augenblicke wie eine seltsame Mütze mit Ohrenklappen auf der Blüte sitzt.

Wie ein Taschenspieler, der aus einem winzigen Fingerhut ein riesiges Stück Stoff hervorzaubert, entwickelt der Klatschmohn aus der kleinen Knospe eine erstaunlich große Blütenkrone. Es dauert Stunden, bis die letzte Falte im Blütenkleid geglättet ist. Das ist der Preis, den man für einen mehrwöchigen Aufenthalt in einer kleinen Kammer bezahlen muß.

Die Blüte des Klatschmohns erzeugt keinen Duft und scheidet keinen Nektar aus. Mit ihrem Pollen aber geizt sie nicht: Über hundert gelbgepuderte Staubblätter erwarten den Besucher. Bereits unmittelbar nach dem Öffnen der Blüte kann die Bestäubung durch Insekten stattfinden. Die Landung gestaltet sich schwierig, denn es kommt vor, daß sich die auf dem biegsamen Stengel sitzende Blüte durch die Luftbewegung, die von den Insektenflügeln verursacht wird, im letzten Moment zur Seite neigt.

Noch am selben Abend vergeht die schöne Pracht. Blüten- und Staubblätter fallen ab, übrig bleibt nur der Stempel in der Mitte, der sich in eine Kapselfrucht umbildet. Die Wände der Kapsel ziehen sich beim Trocknen zusammen, wodurch sich unterhalb der hutähnlichen, sternförmigen Narbe kleine Löcher öffnen. Durch sie ergießt sich eine Flut feinster Samenkörner, sowie der Wind den Stengel bewegt. Sie werden dafür sorgen, daß der Klatschmohn auch weiterhin leuchtend rot in unseren Getreidefeldern flammt.

Man räumt eher ein, daß es Engel geben kann, weil sie so höflich sind, unsichtbar zu bleiben. Man kann sich einreden, sie sind ganz woanders, man kann ihre Existenz leugnen. Klatschmohn, Eiche oder Eberesche hingegen brüskieren einen, weil sie der lebendige, unerträgliche Beweis dafür sind, daß ein unmöglicher Traum existieren kann.

ANDRÉ DHÔTEL

Kronblatt einer Heckenrose zwischen Grashalmen

Heckenrose

*I*m Volksmund hat die Wildrose, auch Hundsrose genannt, viele Namen. Die meisten sind nicht sehr schmeichelhaft für die Pflanze, von der das edelste Gewächs in unseren Gärten abstammt. Fürchtet der Mensch die Konkurrenz der Natur, daß er die Wildpflanzen so abfällig beurteilt? Ist Schönheit weniger schätzenswert, wenn sie nicht von Menschenhand geschaffen wurde? In unserem Garten wachsen etliche Rosen, die veredelt sind, wie es sich gehört, und doch gefallen sie mir bei weitem nicht so gut wie die Heckenrosen, die lange vor unserem Einzug hier schon heimisch waren.

Bereits die zarten Blütenknospen sind kleine Schmuckstücke. Stolz recken sie sich in die Höhe; wie Prunkhelme, die mit auffälligen Flügelchen und rubinroten Steinchen verziert sind, sehen sie aus. Daß Kelchblätter, die normalerweise nur die zweite Geige im Blütenorchester spielen, zu solcher Prachtentfaltung neigen, kommt äußerst selten vor.

Klappen die fünf bizarr geformten Kelchblätter herunter, kommt die Urform der Blütenkrone zum Vorschein, sozusagen die Blüte par excellence. Die zart fleischfarben getönten Kronblätter öffnen sich zu einer flachen Schale. Zur Mitte hin geht das wäßrige Rosarot in zartes, vom Goldgelb der Staubblätter gesprenkeltes Hellrosa über.

Die Heckenrose ist eine gastfreundliche Blume. Zu gastfreundlich vielleicht. Sie lädt alle zu Tisch, die Blütenstaub mögen. Auch die dicken, unbeholfenen Rosenkäfer in ihrem schillerndgrünen Panzer finden sich ein. Doch im Gegensatz zu den Bienen fehlt es ihnen sowohl an Zartgefühl als auch an Respekt für die Blüten. Offensichtlich verwechseln sie Bestäuben mit Plündern. Zwar wird niemand bestreiten wollen, daß sie bei der Übertragung des Pollens eine Rolle spielen, aber leider haben sie die ärgerliche Angewohnheit, die Blüten ihres Gastgebers anzufressen.

Das Ergebnis ist eine kräftig orangerote, bauchige, glatte Frucht, die etwa zwanzig Samenkörner enthält. Auch die Hagebutte hat der Volksmund in manchen Sprachen mit boshaften Namen bedacht. Es scheint, als würde die zarte Heckenrose solche Bosheiten geradezu herausfordern.

Die Ros' ist ohn' Warum; sie blühet, weil sie blühet,
Sie acht't nicht ihrer selbst, fragt nicht, ob man sie siehet.

ANGELUS SILESIUS

Distel

Angesichts der Bedrohung durch die Tierwelt – die Zahl der auffällig blühenden Pflanzen, die wie gewöhnliches Gras in die Mägen der Pflanzenfresser wandern, ist beachtlich – hat sich die Distel für den bewaffneten Frieden entschieden. Sie ist das lebende Beispiel dafür, wie Abschreckungsstrategien funktionieren. Stengel und Blätter sind mit scharfen Spitzen bewehrt, und rings um ihr kostbarstes Gut hat sie die Schutzvorrichtungen sogar noch verstärkt. Die Blätter des Hüllkelchs sind zu schmalen, unnachgiebigen Stacheln ausgezogen, die zum Schutz der jungen Blütenknospen wie Speerspitzen mehrreihig nach allen Seiten ragen, um Angriffe abzuwehren.

An einer Stelle allerdings ist die Frontlinie durchbrochen: an der Spitze nämlich, wo die Pflanze eine zarte Blütenquaste ausbildet. Dicht an dicht stehen die seidigen, leuchtendrosa Blüten. Farbe und Weichheit stehen im Widerspruch zur militärischen Härte des Stachelheers.

Eigentlich müßte man von der Distelblüte im Plural sprechen. Wie alle Mitglieder der Familie der Korbblütengewächse sind auch die Disteln Anhänger einer kollektivistischen Blütenpolitik. Jedes der farbigen Köpfchen, mit denen sich die Pflanze schmückt, besteht aus etwa hundert kleinen Röhrenblüten. Wie Zinnsoldaten stehen sie in Reih und Glied. Nur Hummeln und Schmetterlinge sind in der Lage, aus diesen Nektarflöten zu trinken.

Ist die Blütezeit zu Ende, legt die Pflanze von neuem ihr unauffälliges Gewand an. Die Quasten sind zerzaust und lichten sich jeden Tag ein wenig mehr. Nach und nach trägt der Wind die Samenkörner an ihren Federkronen davon. Zuweilen bleiben sie auch im Fell vorbeistreifender Tiere hängen und reisen so eine Zeitlang auf dem Rücken des Feindes.

Die hier abgebildete Distel ist die Eselsdistel, die so heißt, weil der Esel es wagt, den wehrhaften pflanzlichen Igel zu verspeisen. Wie gut er ihm bekommt, ist eine andere Frage ...

Schwertlilie

Ihre schwertförmigen, unmittelbar aus dem Wurzelstock sich entwikkelnden Blätter bilden einen unauffälligen Fächer, wobei die Scheide jedes älteren Blattes teilweise das nächst jüngere umfaßt.

Im Frühjahr indes weicht die Pflanze von ihrer Taktik des kleinstmöglichen Aufwands ab und investiert ihre Kräfte in eine üppige Blütenpracht. Innerhalb weniger Wochen wächst aus dem Herzen der Blätter ein fast meterhoher Blütenschaft mit etwa zehn Knospen, deren Gestalt entfernt an eine Rakete erinnert. Jede einzelne ist in eine schützende Schicht von dünnen, durchscheinenden Deckblättern gehüllt, wie etwas Kostbares, das in Seidenpapier eingeschlagen ist.

Die Blütenhüllblätter sind in der Knospe so untergebracht, daß der kleine Raum optimal genutzt ist. Die drei ineinandergeschmiegten äußeren Blütenhüllblätter umschließen einem in der Bewegung erstarrten Wirbel gleich die drei zusammengefalteten inneren Blütenhüllblätter.

Wenn sich die Knospe öffnet, biegen sich die äußeren Blütenhüllblätter nach unten, während sich die inneren gleichsam aneinander aufrichten und einen Baldachin bilden. Alle Blütenteile, auch die Narben (als Narbe wird der obere Teil des Stempels bezeichnet), sind zarte, azurblaue Gebilde mit einer feinen Äderung, die durch die etwas intensivere Färbung hervortritt. Jede Blüte gleicht einem Märchenpalast, den man von drei Seiten wie durch hohe Torbögen betreten kann.

Und wer verkehrt in diesem Prunkschloß? Die Hummeln. Sie stürzen sich auf die goldgelben, Nektar ausscheidenden Härchen, die in einem schmalen Streifen auf den äußeren Blütenhüllblättern sitzen. Auf dem Rückweg streifen die pummeligen Insekten Blütenstaub vom Narbenläppchen und tragen ihn auf ihrem pelzigen Rücken zur nächsten Blüte.

Sobald er seine Aufgabe erfüllt hat, stürzt der Palast ein. Was übrig bleibt von der ganzen Pracht, ist ein schrumpeliges, braunes Etwas, das wie ein alter Helmbusch von der Spitze der rasch reifenden Frucht herabhängt.

Ich glaube, ein Grashalm ist nicht geringer als das Tagwerk der Sterne,
Und die Ameise ist nicht minder vollkommen, und des Zaunkönigs Ei, und ein Sandkorn,
Und die Baumkröte ist ein Meisterstück vor dem Höchsten,
Und die Brombeerranken könnten die Hallen des Himmels schmücken ...

WALT WHITMAN

Löwenzahn

Was hat ein so gewöhnliches Gewächs wie der Löwenzahn in dieser Reihe von Pflanzenbeschreibungen zu suchen? Wer glaubt, etwas Alltägliches könne keine Überraschungen mehr bereithalten, dem empfehle ich, sich einmal näher mit dem Löwenzahn zu befassen. Zwei Wochen lang mehrmals täglich, insbesondere am Morgen, ein Besuch bei ein und derselben Pflanze – das ist ein ebenso einfaches wie wirksames Rezept gegen Langeweile.

Der Löwenzahn gehört zur Familie der Korbblütler (neben jener der Orchideengewächse die am höchsten entwickelte im Pflanzenreich), eine Ehre, die er mit der Kornblume und den Disteln, die wir bereits vorgestellt haben, teilt. Der Blütenkopf ist zunächst von einer grünen Hülle dicht schließender Blättchen wie von einem Schuppenpanzer umgeben. Die äußeren Blätter der Hülle sind in liebenswertem Durcheinander herabgeschlagen.

Öffnet sich das Blütenköpfchen, kommt eine strahlende Miniatursonne zum Vorschein. Am Abend werden sozusagen die Fensterläden wieder geschlossen: Die Blütenköpfchen kehren in die Knospenlage zurück. So geht das drei oder vier Tage lang, vorausgesetzt, es herrscht schönes Wetter. Dann flammt der Löwenzahn auf wie ein kleiner Stern und verlischt wieder.

Eines Morgens bleiben die Fensterläden zu. Aus der Hülle haben sich die verwelkten, blaßgelben Blütenkronen geschoben, eine Haube, die beim ersten Windhauch davonfliegt. Der Umbau im Innern dauert ein paar Tage. Dann öffnet sich die Hülle ein letztes Mal. Wie ein radschlagender Pfau entfaltet der Löwenzahn seine Pracht: eine vollendete Himmelskugel aus kleinsten Sternchen, jedes einzelne eine Frucht, die an einer schirmförmigen Haarkrone hängt. Die hauchzarten Schirmchen entstehen übrigens aus umgewandelten Kelchen, die bereits während der Blüte rings um jede Blütenkrone gut zu erkennen sind. Niemand im Pflanzenreich konstruiert ähnlich ausgereifte Flugobjekte wie der Löwenzahn. Mitte des vorigen Jahrhunderts regte der englische Luftfahrtpionier Sir George Cayley an, die Schirmfliegerfrucht des Löwenzahns zum Vorbild für die Konstruktion von Fallschirmen zu nehmen.

Man muß zeitig aufstehen, wenn man dem Schauspiel eines sich öffnenden Fruchtstands beiwohnen will. Doch es lohnt sich. Zuletzt noch ein guter Rat: Seien Sie vor dem Wind da, sonst werden Sie nur noch den kahlen Stengel bewundern können.

Kapuzinerkresse

Hier haben wir eine Blüte, die ein Gesicht, ein Profil, eine Silhouette hat, eine Blüte, wie der französische Stecher und Radierer Jacques Callot sie geschaffen haben könnte. Schon die jungen Blütenknospen tragen die unverwechselbare, an die Kapuze der Kapuzinermönche erinnernde Kopfbedeckung, die der Pflanze ihren Namen gab.

Ein orangerotes Schnäuzchen schiebt sich waagrecht zwischen den Kelchblättern hervor, die dem Druck der Kronblätter nicht mehr gewachsen sind und sich zurückziehen. Es dauert nicht lange, bis das Gesicht der Blüte vollständig zu sehen ist. Drei an der Basis fransige Kronblätter, darüber zwei weitere mit nach innen zusammenlaufenden Streifen, den Saftmalen, bilden den farbenprächtigen, prunkenden Eingang.

Einige Pflanzen, zum Beispiel das Drehkraut, zeichnen sich durch besondere Gastlichkeit aus: Sie bieten ihren Nektar jedem ohne Ansehen der Person an. Andere wiederum sind wählerischer, sie lassen nicht jeden ins Haus. Zu letzteren gehört die Kapuzinerkresse. Wer ihren Nektar möchte, muß ihn sich verdienen: Ausgeschieden wird er nämlich im hintersten Zipfel ihrer Wichtelmännchenmütze. Sporn nennt der Botaniker diesen Nektarbehälter.

Was hat denn die große Hummel vor, die eben auf der Blüte gelandet ist? Will sie mit dem Kopf voraus hinabtauchen, um an den Nektar zu kommen? Nein, sie zwängt sich zwischen zwei Kronblättern durch, erreicht die Außenseite des Sporns, den sie mit deutlichem Interesse untersucht, verharrt dann etwa eine halbe Minute regungslos und fliegt wieder davon.

Wie sich bei näherer Betrachtung herausstellt, hat der Sporn seitlich ein kleines Loch bekommen, durch das sich die Hummel Zugang zum Nektar verschafft hat. Ein klarer Fall von Einbruchsdiebstahl! Und schon summt die nächste Hummel heran.

Doch wir wollen den Dieben mildernde Umstände zubilligen. In ihrer peruanischen Heimat wird die Kapuzinerkresse von Kolibris bestäubt, die mit ihrem langen, schmalen Schnabel mühelos den tiefliegenden Nektarbehälter erreichen können. Da die Mundwerkzeuge der Hummeln dafür ungeeignet sind, müssen sie sich auf andere Weise behelfen und werden zwangsläufig zu Gelegenheitsdieben.

Akelei

Während die Botaniker sie als gewöhnlich bezeichnen, wie ihr lateinischer Name *Aquilegia vulgaris* belegt, hat der Volksmund ihr phantasievollere Namen gegeben: Glockenblume, Elfenschuh, Goldwurz sind nur einige davon. Offensichtlich wissen die Laien dieses Meisterwerk der Blütenbaukunst besser zu würdigen als die Wissenschaftler.

Wer ihre elegante Silhouette auf einer Waldwiese entdeckt, ist geneigt zu glauben, eine Zierpflanze vor sich zu haben, der die Flucht aus einem nahen Garten gelang. Ihre aristokratische Haltung wird ihr nicht selten zum Verhängnis, dann nämlich, wenn sie von Spaziergängern entdeckt und als Bereicherung des Wiesenblumenstraußes gepflückt wird. Da ihr Bestand dadurch gefährdet werden könnte, hat man sie in Deutschland gesetzlich geschützt.

Die Blütenknospe bildet sich an der Spitze des Stengels aus, der wie ein Schwanenhals gebogen ist. Die weiche, geschmeidige Linie könnte ein Jugendstilkünstler entworfen haben. Wie eine kostbare Laterne aus leuchtendem Glas hängt die Knospe, Köpfchen nach unten, am Stiel. Zunächst spindelförmig, beinah farblos, nimmt sie alsbald eine blaue, rötlich schattierte Farbe an und stellt die Zeichen ihrer Würde zur Schau: ein aus fünf einwärts gebogenen Spornen gebildetes Krönchen.

Die meisten Blüten trennen strikt zwischen Kelch und Krone. Während die derberen Kelchblätter dem Schutz der Knospe dienen, übernehmen die zarteren, oft farbigen Kronblätter die Funktion, größtmögliche Aufmerksamkeit zu erregen. Die Akelei trifft diese Unterscheidung genausowenig wie die Schwertlilie. Alle ihre Blütenteile bilden farblich ein harmonisches Ganzes. Die inneren Blütenhüllblätter allerdings heben sich durch den langen, stark gebogenen Sporn hervor, wodurch sie, im Profil betrachtet, an ein Füllhorn erinnern.

Der Nektar wird ganz am Ende der gut zwei Zentimeter langen, trichterförmigen Kronblätter ausgeschieden. Hummelarten, die mit einem langen Saugrüssel ausgestattet sind, erreichen ihn mühelos. Die anderen, ebenso wie die Bienen, behelfen sich damit, daß sie die Seitenwand des Sporns durchlöchern. Glücklicherweise gibt es genug ehrliche Hummeln, so daß die Bestäubung der Pflanze sichergestellt ist. Das Ergebnis ist ein hübscher, samtig behaarter Fruchtstand, in dessen fünf Teilfrüchten Reihen glänzender Samen heranreifen.

Wenn ich eine Blume an mein Bett stelle und sie gewissenhaft zeichne, so kommt es mir vor, als könnte ich nach und nach das Geheimnis der Schöpfung ergründen.

SHIKI

Wilde Karde

Die Blüten der Wilden Karde befinden sich ungefähr zwei Meter über dem Boden. Aber auch sonst weist die Pflanze eine höchst originelle Bauweise auf. Entlang der Hauptachse hat sie lange, derbe, gegenständige Blätter, die teilweise an der Basis verwachsen sind und gefäßartige Vertiefungen bilden. Man könnte die Konstruktion mit einem Springbrunnen vergleichen, dessen Bassins übereinander angelegt sind, Wasserspiele eines kapriziösen Fürsten, eine handwerkliche Meisterleistung. In diesen Schalen sammelt sich das Regenwasser, das an den starren Blättern herabrinnt. Venuswaschbecken nennt man sie daher auch.

Die Botaniker waren lange der Ansicht, es handle sich um ein Verteidigungssystem, das dazu diene, Insekten und Weichtiere am Erklimmen des Stengels zu hindern. Man findet tatsächlich eine Vielzahl kleiner Lebewesen, die in diesen Wassergräben ertrunken sind. Heute glaubt man allerdings, daß die Karde einen nicht unerheblichen Nutzen aus ihren Opfern zieht. Sobald sie nämlich von Bakterien zersetzt worden sind, verwandelt sich das Wasser in eine Nährlösung, die von den Blättern aufgenommen werden kann. Das würde bedeuten, daß sich hinter der ehrenwerten, dekorativen Fassade eine Pflanze mit einer heimlichen Vorliebe für Fleisch verbirgt!

Im Gegensatz zu den Disteln, die ihre Blüten an der Spitze des Blütenstands konzentrieren, nutzen die Karden dessen gesamte Oberfläche, um ihre von stachelspitzen Hüllblättern eingefaßten Kronen hervorzubringen. Die Taktik der gleichmäßigen Verteilung ermöglicht es ihnen, über tausend Blüten pro Blütenstand zu entfalten.

Dieses Blütenmeer ergießt sich jedoch nicht als Sturzflut, sondern gleichsam in Wellen über den Blütenstand. Eine erste erfaßt ihn ringförmig etwa auf halber Höhe. Noch am selben Abend fallen diese Kronen ab. Es scheint, als hätten sie den anderen den Weg bereitet, denn schon am nächsten Tag bilden sich neue zartlilafarbene Ringe, einer unter dem ersten, der andere darüber, und so geht es weiter in beiden Richtungen, bis die Endpunkte des Blütenstandes erreicht sind.

Nach einer Woche ist der Blütenvorrat erschöpft. Schmetterlinge und Hummeln, die jeden Tag einen reichgedeckten Tisch vorfanden, müssen sich nach einer anderen Nektarquelle umsehen. Sind die Blüten abgefallen, verdorrt die Pflanze. Wie Nadelkissen sehen die Köpfchen jetzt aus. Im Herbst werden sie ihre Samen ausstreuen, sofern die Distelfinken welche übriggelassen haben.

Besäßen die Blüten nichts als ihre Schönheit, so genügte dies, uns zu bezaubern; doch zuweilen ist es ihr Duft, der uns die Schwere des Daseins vergessen läßt, der uns lockt und uns bewegt, zu einem besinnlicheren Leben zurückzukehren.

ETIENNE PIVERT DE SENANCOUR

Butterblume

*B*utterblume ist die volkstümliche Bezeichnung für mehrere gelbblühende Hahnenfußarten, aber auch für andere Pflanzen. Meistens ist der Scharfe Hahnenfuß gemeint, der im späten Frühling oder im Sommer ganze Wiesen leuchtend gelb färbt. Ein dicht schließender, von feinem Flaum bedeckter fünfblättriger Hüllkelch schützt die Blütenkrone vor schädlichen äußeren Einflüssen. Die Kronblätter in ihrer kokonähnlichen Hülle schieben sich während der Wachstumsphase unmerklich übereinander, ein Vorgang, der durch ihre ölige Oberfläche, die wie eine Gleitschicht wirkt, erleichtert wird.

Wenn die Kelchblätter herunterklappen, enthüllen sie eine Blüte, die von einem Kind gezeichnet sein könnte, so schlicht ist sie. Aber wie sie leuchtet! Eine wachsartige, glänzende Schicht überzieht die Kronblätter, so daß sie das Sonnenlicht wie kleine Spiegel reflektieren. Fliegen und andere Insekten mit kurzen Saugrüsseln lassen sich nicht zweimal bitten: Nektar ist reichlich vorhanden und leicht zugänglich. Jedes Kronblatt besitzt an der Basis eine kleine Schuppe, darunter befindet sich die Honigdrüse.

Die Butterblume hat alles in ihren Kräften Stehende getan, damit die Übertragung des Pollens gewährleistet ist. Ein potentieller Bestäuber, der sich auf ihrer Krone niederläßt, muß sich einen Weg durch etwa fünfzig Staubblätter bahnen, so daß ein regelrechter gelber Regen über ihm niedergeht. Eine radikale Methode. Für die Botaniker jedoch ist diese Pollenschwemme ein Zeichen von Primitivität. Höher entwickelte Blüten beschränken sich auf einige wenige Staubblätter, die dergestalt angeordnet sind, daß den Insekten der Weg zum Nektar quasi vorgeschrieben ist. Sie können gar nicht anders, als im Vorübergehen Blütenstaub abzustreifen.

Der Fruchtstand der Butterblume besteht aus ungefähr dreißig kleinen, flachen »Nüßchen«, die jeweils eine Frucht darstellen.

Skabiose

Blütenpflanzen sind wahre Meister in der Kunst des Straußbindens. Die Doldenblütler stellen großflächige, luftige Gebinde zusammen, die Disteln binden ihre Blüten zu einem aufrecht stehenden Bund, die Karden bündeln ihre in Form eines Zapfens.

Verglichen damit wirkt die Skabiose wie eine blutige Anfängerin. Der kleine, runde Strauß, der die Wiesenbewohnerin ziert, ähnelt den Sträußchen, wie Brautjungfern sie in Händen halten. Ja, er ist sogar mit dem traditionellen Kranz grüner Blätter eingefaßt, gebildet aus den Hüllblättern des Köpfchens.

Bevor sich der Blütenstand zu einem festlichen Bukett entfaltet, verbirgt er sich in einer Hülle, deren Blätter ihn fest umschließen. Erst wenn der Druck der etwa fünfzig kleinen Blütenknospen zu groß wird, geben sie nach und biegen sich zurück, bis sie waagrecht von der Achse abstehen. Als erstes färben sich die Knospen der Randblüten zart rosarot. Die Farbe breitet sich rasch aus, und der Blütenstand wölbt sich mit jedem Tag ein bißchen stärker.

Dann, eines Morgens, hat er einen mattlila Saum bekommen: Die Randblüten haben ihre Kronen entfaltet. Die restlichen Blüten machen es ihnen nach. Ein Gemälde in feiner Camaïeutechnik entsteht, eine Harmonie in Rosa, Lila und Lachsrot. Die äußeren, größeren Kronen fassen die inneren, kleineren wie mit einem gekräuselten Volant ein. Ein schwerer, honigsüßer Duft lockt die Bienen an.

Nach der Bestäubung entledigt sich die Skabiose ihrer Schmuckelemente. Die Röhrenblüten verwelken und fallen ab. Zurück bleibt eine perfekte Halbkugel. Aus den Kelchen sind sternchenförmige Gebilde entstanden, die in streng geometrischer Anordnung dicht an dicht sitzen. Unter den gezähnten Krönchen verbergen sich Früchte. Diese kümmerlichen Haarkronen taugen jedoch nicht, ihren Fall zu bremsen, wenn sie gereift sind und sich vom Fruchtstand lösen. Es beherrschen eben nicht alle Pflanzen die Kunst, auf dem Wind zu reiten.

Geißblatt

Das Geißblatt ist eine kletternde Art, deren Blütenstände eine königliche Haltung haben, die ich bewundere, wann immer ich sie sehe.

Gäbe es einen Orden für Verdienste um das Blütenwesen zu verleihen, wäre das Geißblatt einer der aussichtsreichsten Anwärter. Bereits die Knospen zeugen vom gestalterischen Talent der Pflanze. An der äußersten Spitze eines Zweigs, über dem letzten Blattpaar, das bei der hier beschriebenen Art an der Basis verschmolzen ist und eine ovale Schale bildet, entsteht ein merkwürdiger Dreierbund aus Blütenständen.

Der mittlere Teilblütenstand am Ende des längsten Stiels hat die meisten und die kräftigsten Knospen. Die beiden rechts und links sind lediglich Gefolgsleute. Da sie sich im Schatten des mittleren Blütenstands, der seine Vormachtstellung behauptet, nur kümmerlich entwickeln, wollen wir uns ausschließlich mit diesem befassen.

Die etwa zwanzig länglichen, fleischigen Knospen sehen aus wie kleine Finger. Sie sind zunächst grünlich, färben sich dann aber rot, während sie gleichzeitig länger und schmaler werden und sich elegant nach oben biegen. Das Öffnen der Knospen geht schlagartig vor sich. Die Naht an der Spitze der Blütenkrone platzt auf, die röhrenförmige Blüte teilt sich in eine obere und eine untere Lippe, die sich beide aufrollen und Staubblätter und Stempel freilegen. Nacheinander öffnen sich nun auch die anderen Blüten, wie auf einem Leuchter eine Kerze nach der anderen angezündet wird.

Kinder, die jede Gabe der Natur zu schätzen wissen, knicken gern das untere Ende der Blüte ab, um den süßen Nektar herauszusaugen.

Die Hauptabnehmer des Elixiers aber finden sich erst bei Dunkelheit ein: die Schwärmer, große Nachtfalter. Sie besitzen das ideale Werkzeug, einen langen, feinen Saugrüssel, den sie im Flug wie Kolibris bis zum Blütengrund hinunterschieben, um zu trinken.

Sind die Blütenkronen abgefallen, zaubert die Pflanze einen mehrstöckigen Kuchen der besonderen Art hervor. Er besteht aus scharlachroten Beeren, die glänzen wie kandierte Früchte. Vornehme Zurückhaltung ist nicht mehr angezeigt: Jetzt darf genascht werden, nun machen sich die Vögel über die Beeren her.

Kugellauch

Zur Blütezeit wird die Pflanze von einem plötzlichen Wachstumsrausch erfaßt, einer Art Größenwahn, der sie veranlaßt, einen runden Stengel kerzengerade, weit über ihre schmalen Blätter hinaus, in die Höhe zu treiben, als hielte sie sich für eine Binse. Ganz am Ende bringt sie eine sanfte Schwellung hervor, die an die Zwiebelhauben russischer Kirchtürme erinnert. Das geheimnisvolle Gebilde bleibt geschlossen. Allmählich nimmt es an Umfang zu. Seine Wände werden durchscheinend wie Seidenpapier. Dahinter arbeiten unsichtbare Kräfte, drücken dagegen, beulen sie aus.

Nach einem weiteren Wachstumsschub reißt die Außenhaut der Länge nach auf. Und was gebiert die Pflanze? Einen kugelrunden Blütenstand, höckrig wie eine Brombeere, aus ungefähr hundert winzigen, noch grünen Knospen.

Nachdem die Schutzhülle geschrumpft ist, wächst die junge Gesellschaft rasch heran. Wer mit dem Finger über die scheinbar feste Oberfläche streicht, wird überrascht feststellen, daß die Knospen dem Druck nachgeben. Sie sitzen nämlich auf kleinen Stielchen, von denen jedes geringfügig zu seinem Nachbarn Abstand hält. Der Blütenstand des Kugellauchs ist eine Dolde, deren Bauweise verborgen bleibt. Im Gegensatz zur leichten, luftigen Konstruktion des Drehkrauts ist die Dolde des Kugellauchs von gedrungener, dichter, kompakter Gestalt.

Das Öffnen der Knospen beginnt an der Spitze und setzt sich nach unten hin fort, so als wäre scharlachrote Farbe, die sich langsam verteilt, über dem Blütenstand ausgegossen worden. Im Juli, wenn die Nektarquellen an den trockenen Hängen, die der Kugellauch bevorzugt, allmählich versiegen, sind seine in alle Himmelsrichtungen zeigenden Miniatursträuße bei Schmetterlingen sehr beliebt.

Verwelken die Blütenkronen und fallen ab, kommen kleine, dreieckige, trockene Kapseln zum Vorschein, die jeweils einige schwarze Samen enthalten. Wichtig für die Zukunft der Pflanze ist aber auch, was sich in der Erde, nicht darüber, abspielt. Am Stengel bilden sich nahe der Blumenzwiebel gerundete kleine Auswüchse: Brutzwiebeln, aus denen neue Pflanzen entstehen können. Eine behelfsmäßige Fortpflanzungsmethode, aber eine gute Ersatzlösung, wenn die Samen einmal versagen sollten.

Ich will mutig sein und darauf verweisen, daß es von größter Wichtigkeit ist, die stummen Gräser zu beachten, die demütigen, unscheinbaren Gräser.

PLINIUS DER ÄLTERE

Wiesensalbei

Wohl kein Zweig der Wissenschaft hat der Versuchung widerstanden, sich hinter einer Fachsprache nur für Eingeweihte zu verschanzen. Auch die Botanik nicht. Aber sie hat zumindest hin und wieder Einfallsreichtum bewiesen und anschauliche Begriffe geprägt, wie im Fall der Lippenblütengewächse, jener Familie, der auch der Salbei angehört. Es ist nicht schwer, sich die Blüte eines Lippenblütlers vorzustellen: Sie hat weit geöffnete Lippen, was quasi einer Einladung an bestäubende Insekten gleichkommt.

Die Blütenkrone des Salbeis gleicht zunächst einem dunklen Amethyst im Cabochonschliff, der von den Kelchblättern eingefaßt wird. Hat sich die kleine Schnauze aus dem Kelch geschoben, öffnen sich die Lippen zu einem Dauergähnen.

Der Salbei gehört der Blütenaristokratie an. Seine Blüte ist Baukunst in höchster Vollendung. Die breitere Unterlippe dient dem Insekt als Landeplattform. Will es Nektar saugen, stößt es mit dem Kopf gegen eine Sperre vor dem Eingang zur Blütenröhre. Durch das Anstoßen senken sich zwei lange Staubblätter herunter und laden Blütenstaub auf dem haarigen Rücken ab. Bienen und Hummeln, die Elite der Bestäuber, haben keine Schwierigkeiten, den ausgeklügelten Mechanismus zu durchschauen.

Diese zu automatischen Pollenspendern umfunktionierten Blüten sitzen wie übereinandergelegte Ringe am Stengel. Sie bilden eine Traube. Zuweilen bekommen sie Besuch von wenig kooperativen Gästen. Da wäre zum Beispiel eine winzige Art der Familie der Tanzfliegen zu nennen, die ihren dünnen, steifen Rüssel bis zum Blütengrund schiebt, ohne das Heruntersenken der Staubblätter auszulösen, oder auch das Taubenschwänzchen, ein Schwärmer, der gewissenhaft Blüte für Blüte aufsucht, über jeder schwebend wie ein Kolibri. Sein langer, fadendünner Saugrüssel kann sich unter der Sperre hindurch bis zu den Honigdrüsen tasten. In beiden Fällen ist die Pflanze die Dumme: Sie bewirtet den Besucher mit Nektar, und dann stiehlt er sich davon, ohne ihren Pollen mitzunehmen.

Doch diese trickreichen Gesellen sind zum Glück eine Ausnahme. Dank der Mehrheit von ehrlichen Besuchern kann der Salbei in jedem Kelch eine Frucht mit vier einsamigen schwarzen, glänzenden Nüßchen bilden, die dafür sorgen werden, daß er seine Kenntnisse in Mechanik weitergeben kann.

Glockenblume

Die Konstruktion der Blütenpaläste folgt nicht den Prinzipien eines Architekten, sondern wird vielmehr von dem Bestreben geleitet, ein Gebilde mit großer Oberfläche auf kleinem Raum unterzubringen. Deshalb verfügen Pflanzen über Erfahrung vor allem in der Kunst des Zusammen- und Auseinanderfaltens, im Stapeln und Übereinanderschieben von Elementen. Denn vor der Blüte steht die Knospe, eine Phase, in der die zarten Blütenteile sich in einem geschützten Innenraum entwickeln können.

So beginnt auch die Blüte der Glockenblume zunächst als eiförmiges, auf dem Sockel eines fünfzipfeligen Kelchs errichtetes Gebilde, dessen blaßviolette Wände mit ausgeschweiften Randverzierungen versehen sind. Wenn es sich an der Spitze öffnet, kommt ein Zackenrand zum Vorschein. Nach und nach entfaltet sich die Blütenkrone, ihre Ziehharmonikafalten glätten sich. Das Ei hat sich in ein Glöckchen verwandelt.

Wie das Weidenröschen, der Fingerhut oder die Geranie verhindert die Glockenblume Selbstbestäubung (vergleiche Seite 13) durch die Entwicklung ihrer männlichen und weiblichen Geschlechtsorgane zu verschiedenen Zeiten. Zuerst bilden sich die Staubblätter aus, die den Besucher mit Pollen beladen; der Stempel ist nichts weiter als ein kurzer, unfertiger Stummel. Dann schrumpfen die leeren Staubblätter am Grund der Blütenkrone, während sich am Griffel drei dünne Narbenäste auseinanderspreizen, an denen die Insekten den von anderen, jüngeren Blüten mitgebrachten Pollen abstreifen. Die Glockenblume unterzieht sich praktisch einer Geschlechtsumwandlung, erst ist sie männlich, dann weiblich, um Selbstbestäubung zu verhindern.

Die Glockenblume versorgt ihre Gäste nicht nur mit Nektar, sondern bietet ihnen sogar ein Nachtlager an oder einen Unterschlupf bei schlechtem Wetter. In dem behaglichen Gästezimmer herrschen angenehme, merklich wärmere Temperaturen als außen.

Zehn Tage oder länger dauert die Herrschaft der kleinen blauen Glocke. Danach verblaßt die Blütenkrone. Eine Zeitlang hält sie an einem matten, ins Violette spielenden Farbton fest, als wollte sie sich ein letztes Mal gegen ihr Schicksal aufbäumen, dann zieht sie sich welkend zurück. Wie eine pergamentene Fackel ragt sie zwischen den aufgerichteten Kelchblättern auf.

Ist die Frucht getrocknet, entstehen drei runde Öffnungen, durch die sandfeine Samenkörner ausgestreut werden, sobald der Wind mit der Klapper spielt.

Wir sehen, daß in dem Maße, als, in der organischen Welt, die Reflexion dunkler und schwächer wird, die Grazie darin immer strahlender und herrschender hervortritt.

HEINRICH VON KLEIST

Margerite

Mit dem Porträt einer Königin wollen wir diese Reihe von Blütenbiographien abschließen. Ihr deutscher Name leitet sich vom lateinischen *margarita* her, was »Perle« bedeutet, und ihr griechisch-lateinischer Gattungsname Chrysanthemum heißt übersetzt »Goldblume«. Der Margerite und ihrer goldenen Kuppel liegt das Reich der Korbblütengewächse zu Füßen. Diese Familie, wir sagten es bereits, steht neben den Orchideen ganz oben in der botanischen Hierarchie. Etwa 13000 Arten zählt die fruchtbare Dynastie. Als höchstentwickelte gelten jene, die Strahlenblüten ihr eigen nennen. Zu ihnen gehört die Margerite.

Ihre Kindheit verbringt sie abgeschirmt hinter einer dreifachen Einfassung grüner, schwarzgeränderter Hüllblätter. Die Knospe des Blütenstands ist eine leicht abgeflachte Kugel. Schon bald ziert eine schneeweiße Kappe den oberen Pol. Die schmalen, weißen Kronblätter der Randblüten drängen in Richtung Mitte und brechen wie Zähne aus den Hüllblättern hervor. Sie strecken sich, kreuzen sich, als kämpften sie um den besseren Platz, schieben sich übereinander. Dann, sich an den Endspitzen berührend, richten sie sich auf. Und plötzlich öffnen sich Hüllblätter und die weißen Kronblätter der Randblüten wie ein bewimpertes Lid über einem außergewöhnlichen goldenen Auge.

Wer sich die Zeit nimmt, es mit der Lupe näher zu betrachten, kann eine Anordnung von Spiralen erkennen, die einen ähnlich schwindlig macht, wie wenn man auf einen Strudel schaut. Denn die zwei- bis dreihundert Röhrenblütchen, die sich in der Mitte drängen, bilden ein kunstvolles geometrisches Mosaik aus Spiralarmen, die sich um einen zentralen Kern winden. Die hier abgebildete Margerite zum Beispiel besitzt 13 nach rechts und 21 nach links drehende Spiralen.

Die Margerite hat also keine Einzelblüte, sondern einen Blütenstand, eine streng organisierte, hierarchisch gegliederte Gesellschaft mit strikter Aufgabenteilung: in der Mitte die gelben, zwittrigen Röhrenblütchen (oder Scheibenblüten), am Rand die ausschließlich weiblichen und meist unfruchtbaren Zungenblüten, die die Rolle der Kronblätter bei Einzelblüten übernommen haben und Signalwirkung besitzen.

Dieser Traum in Weiß und Gelb lockt Scharen von Insekten an. Sind die Röhrenblüten bestäubt worden, versiegt die Nektarquelle, und das Blütenkörbchen gleicht einem gestürzten König, dessen Prachtgewänder nur noch Lumpen sind. Aber aus den unscheinbaren schwärzlichen Samen werden neue Pflanzen hervorgehen, neue strahlende Sonnen sich entfalten.

*Was Blumen träumen, will ich
die Schmetterlinge fragen, auch wenn sie mir
die Antwort schuldig bleiben.*

REIKAN